Oceans

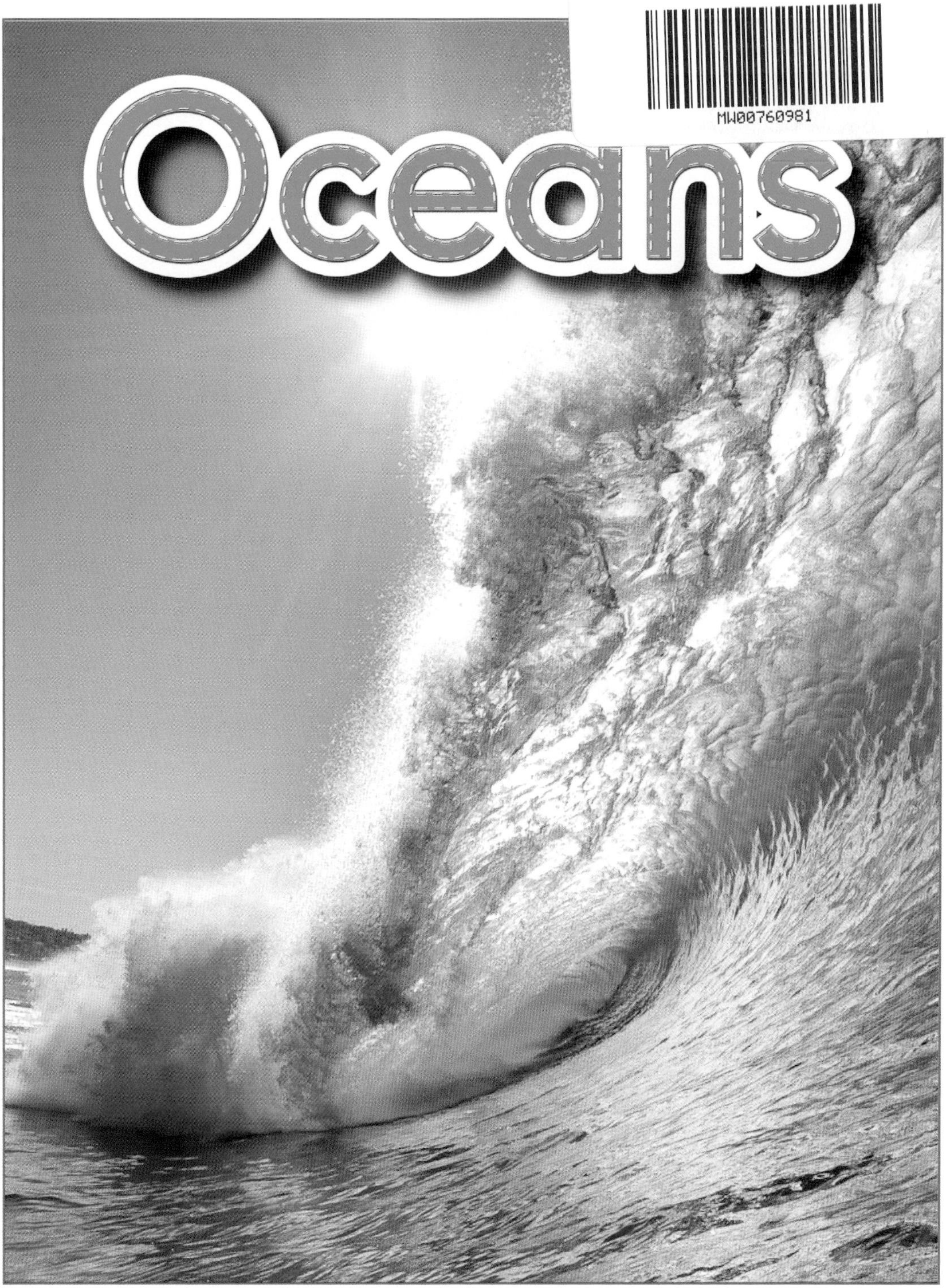

Stephanie Reid

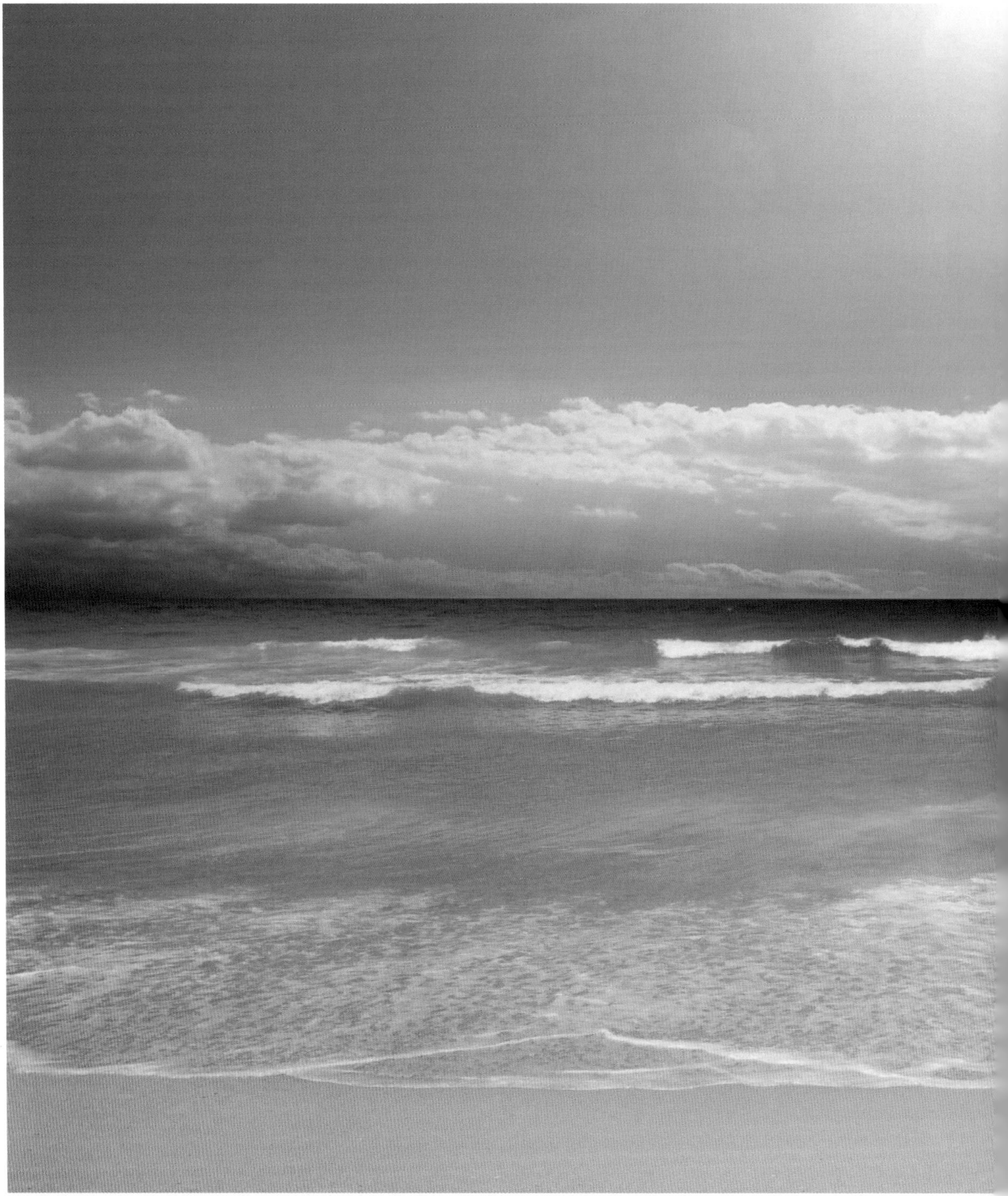

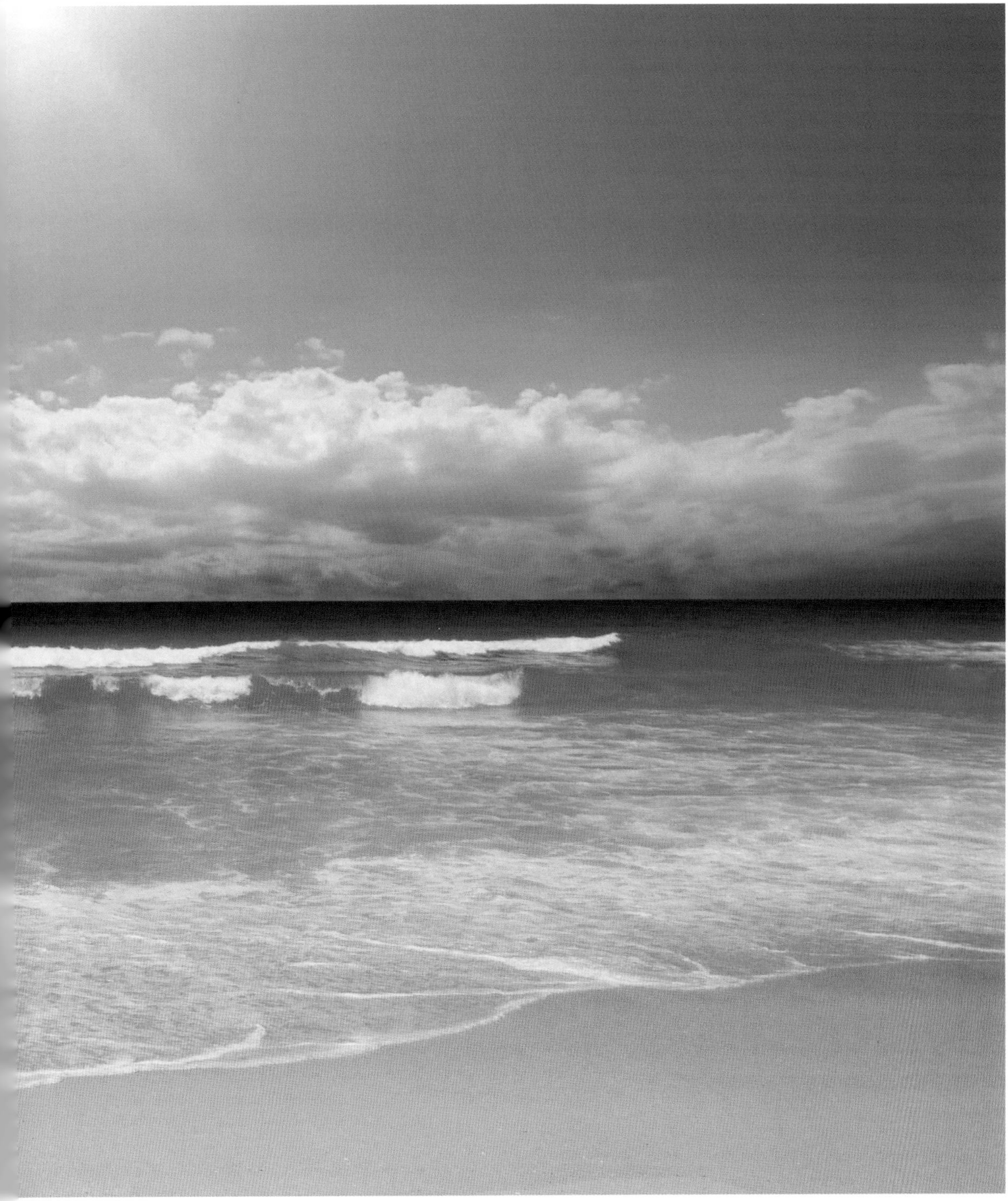

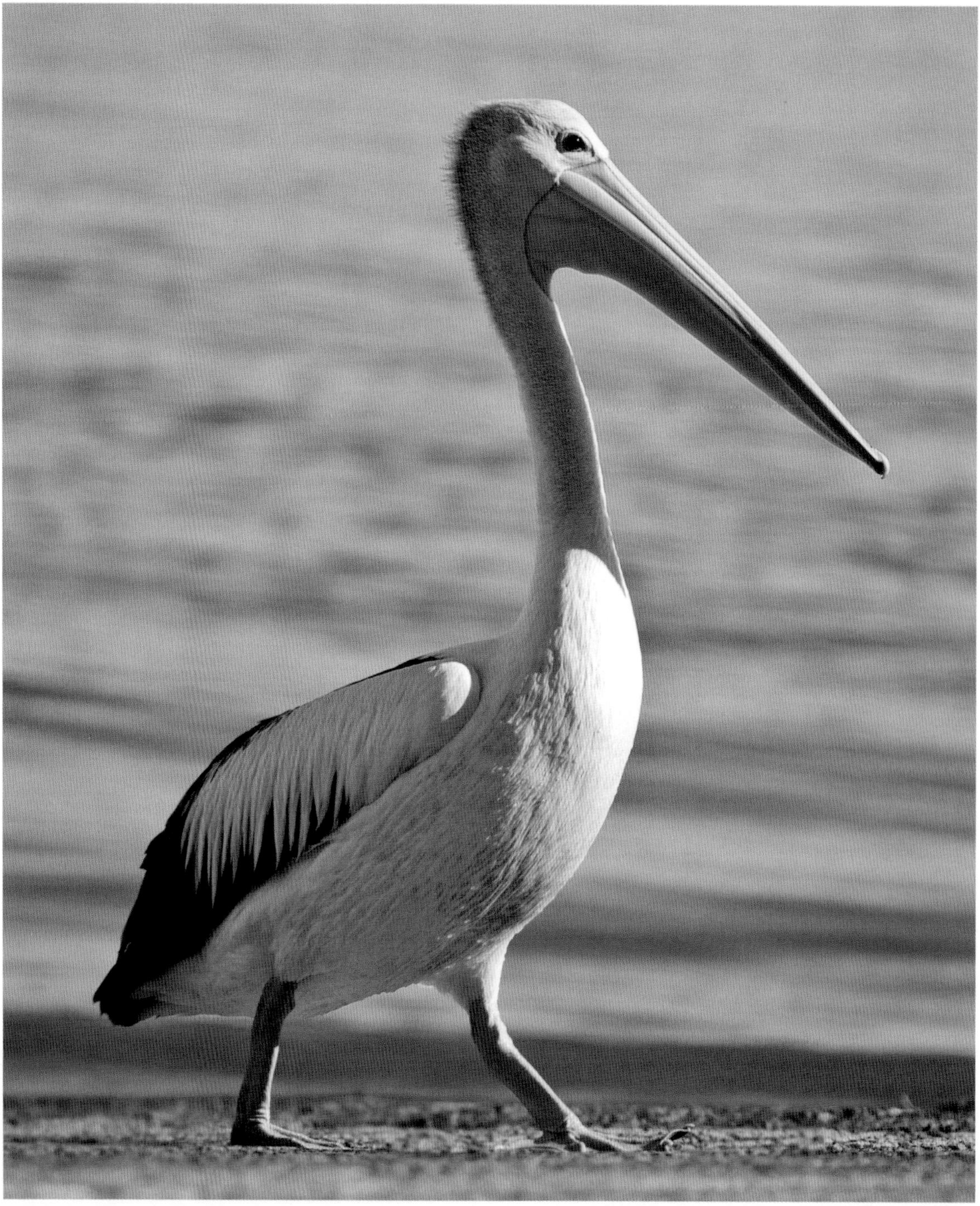

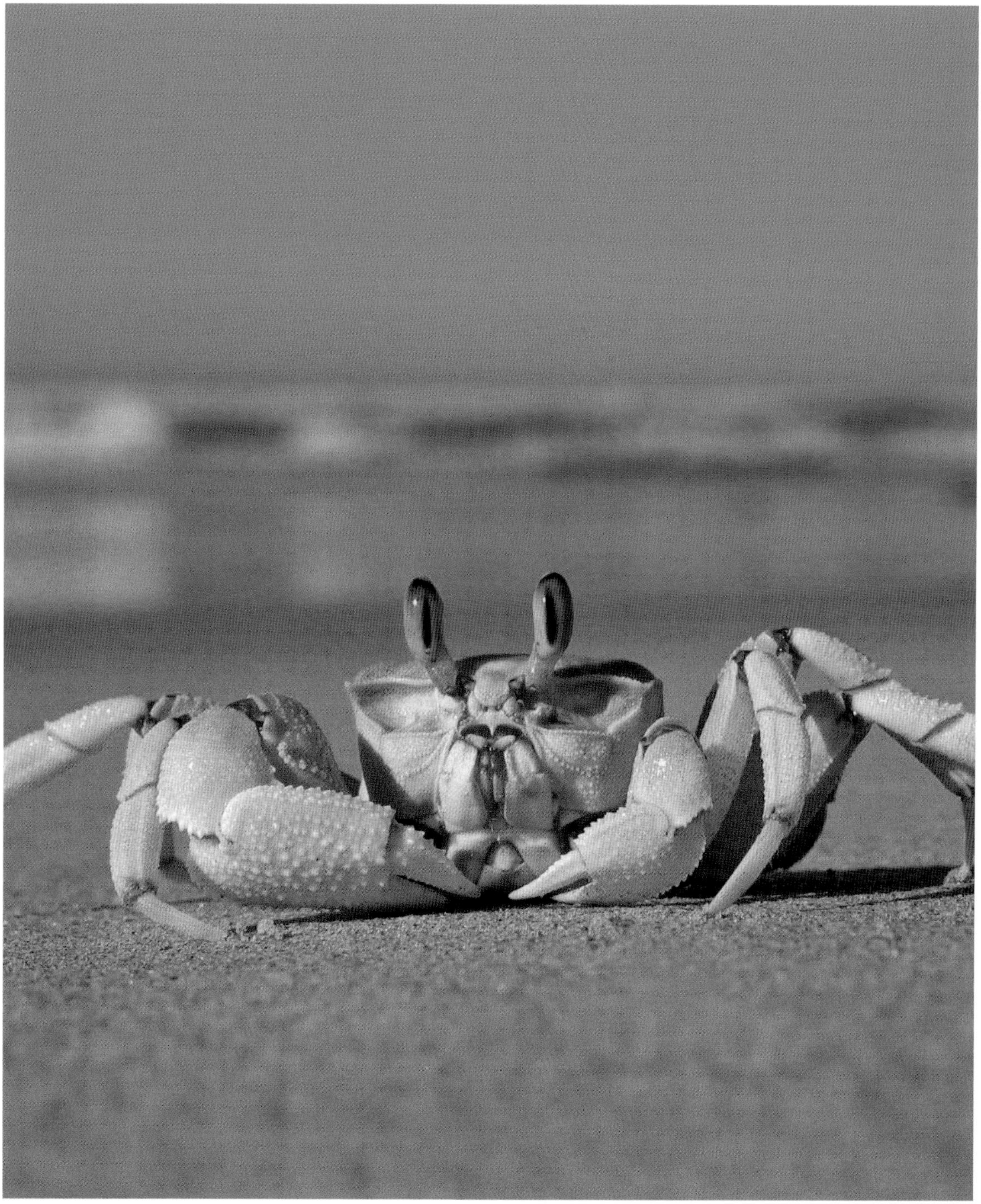

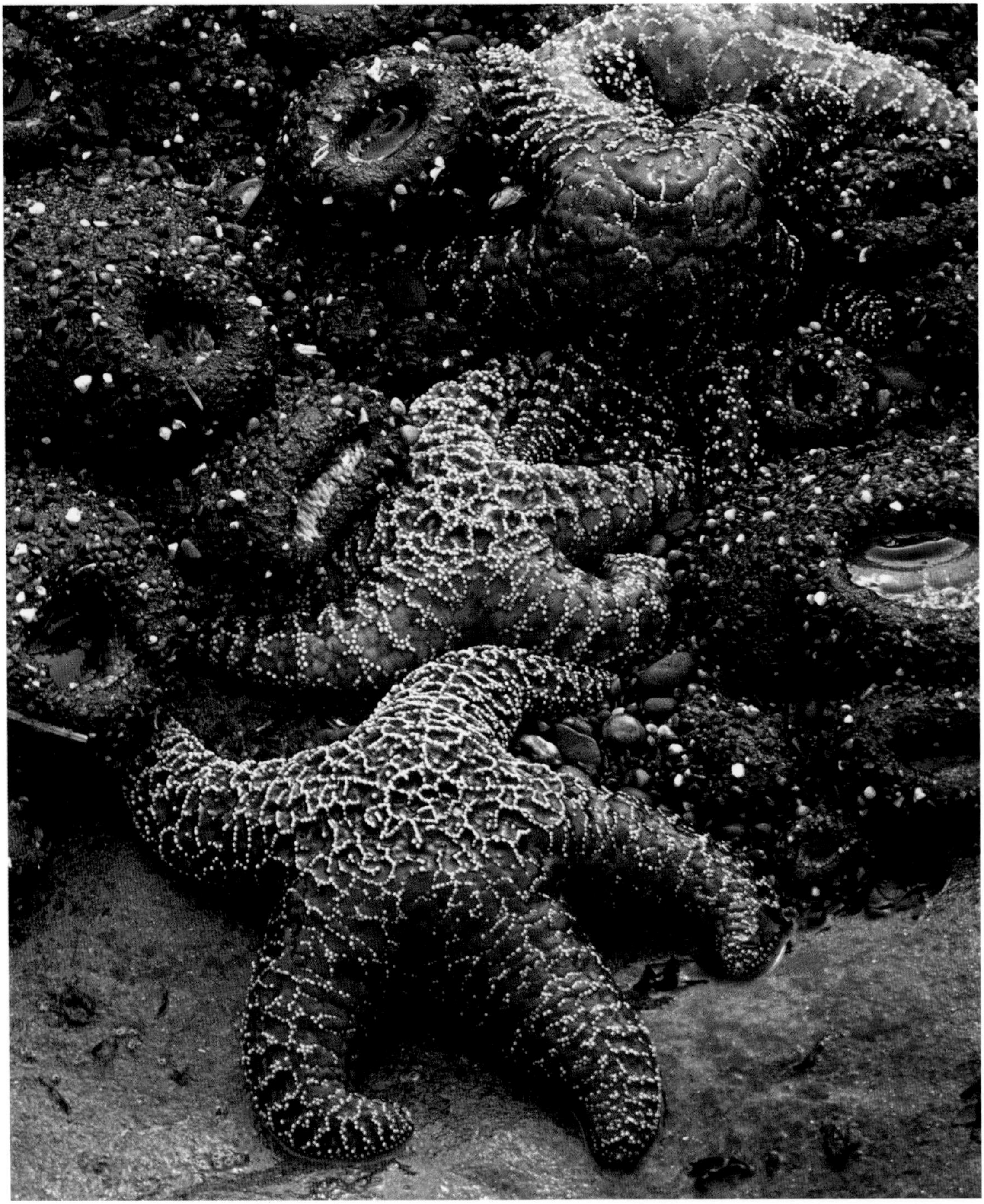

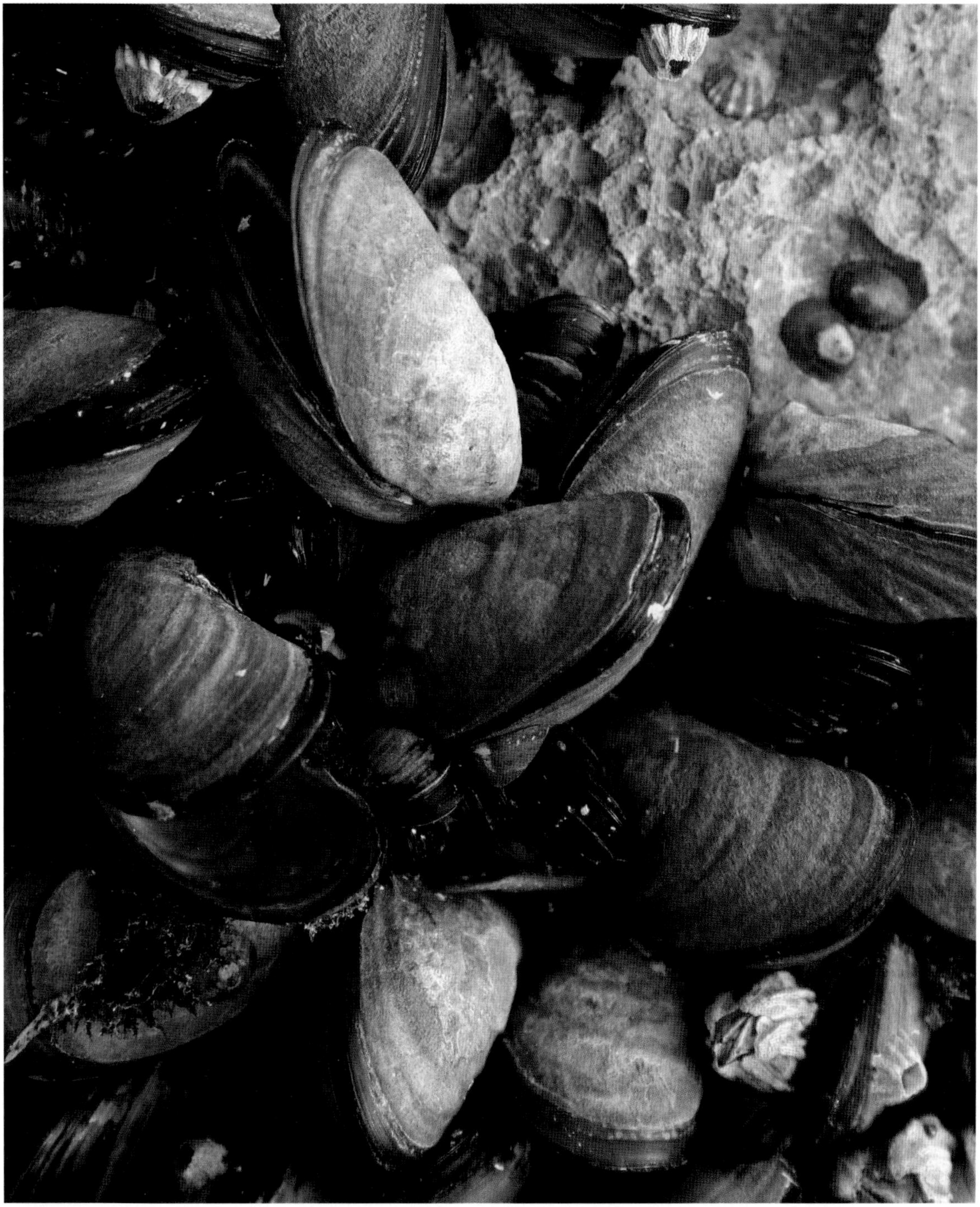

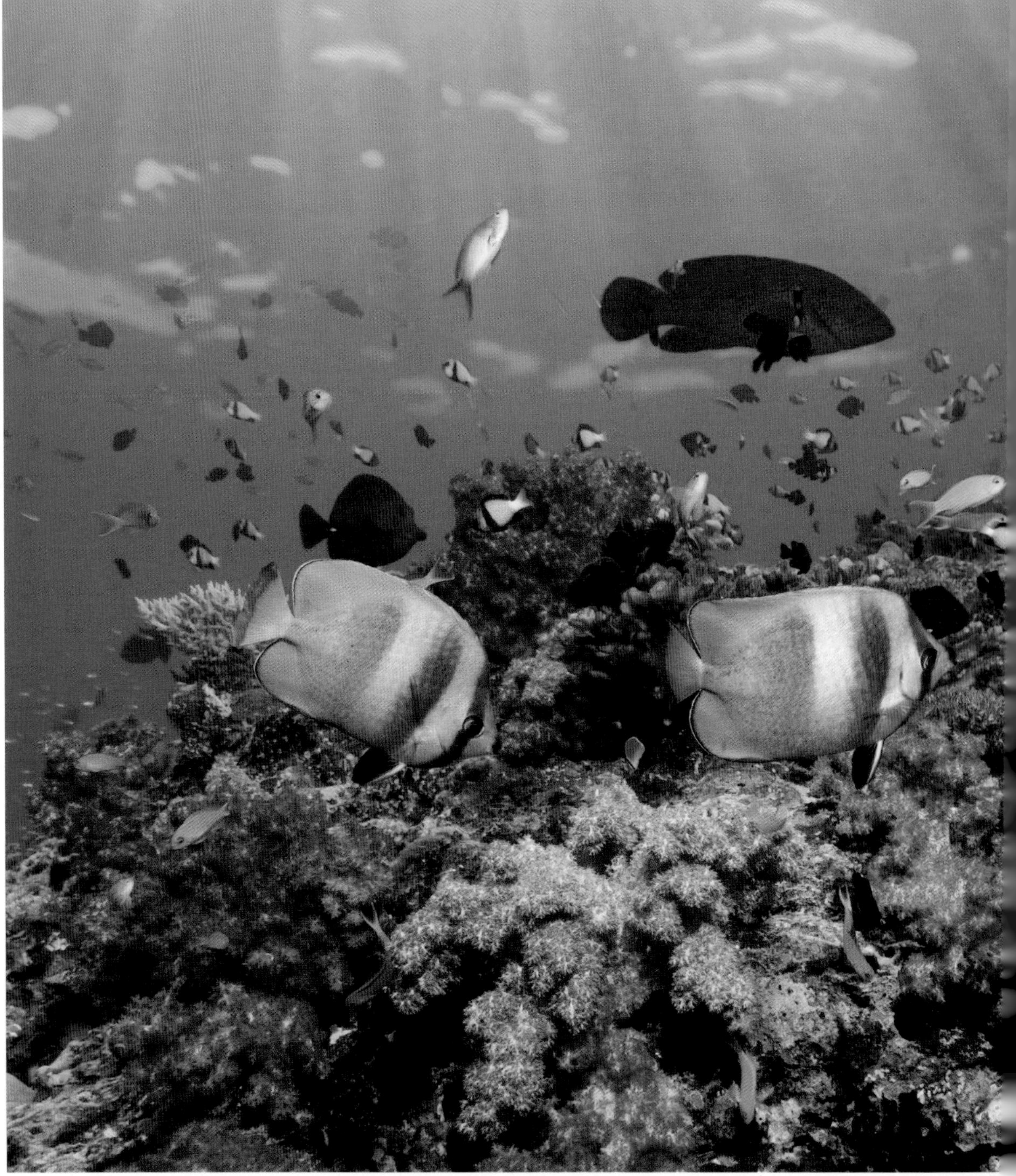

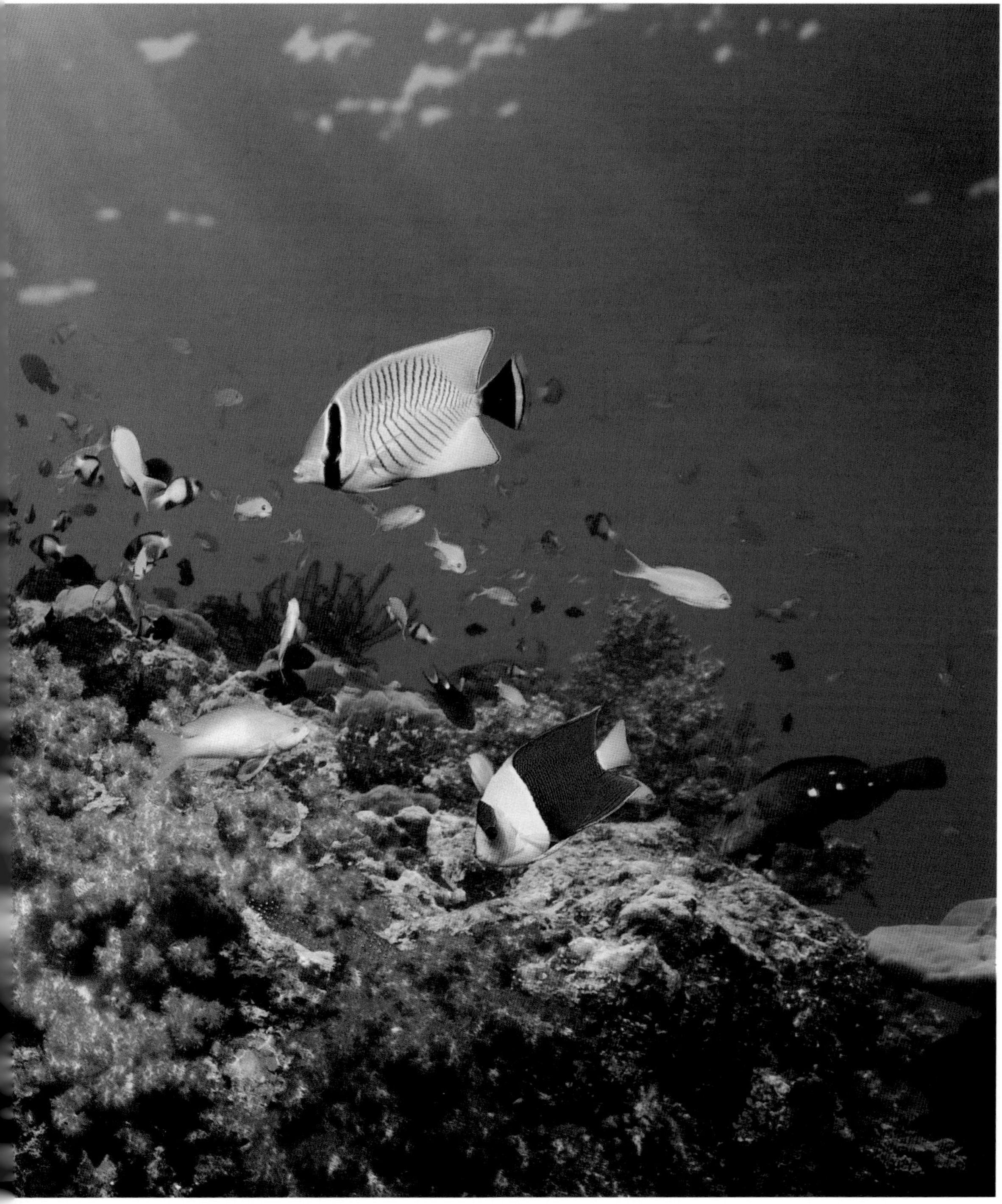

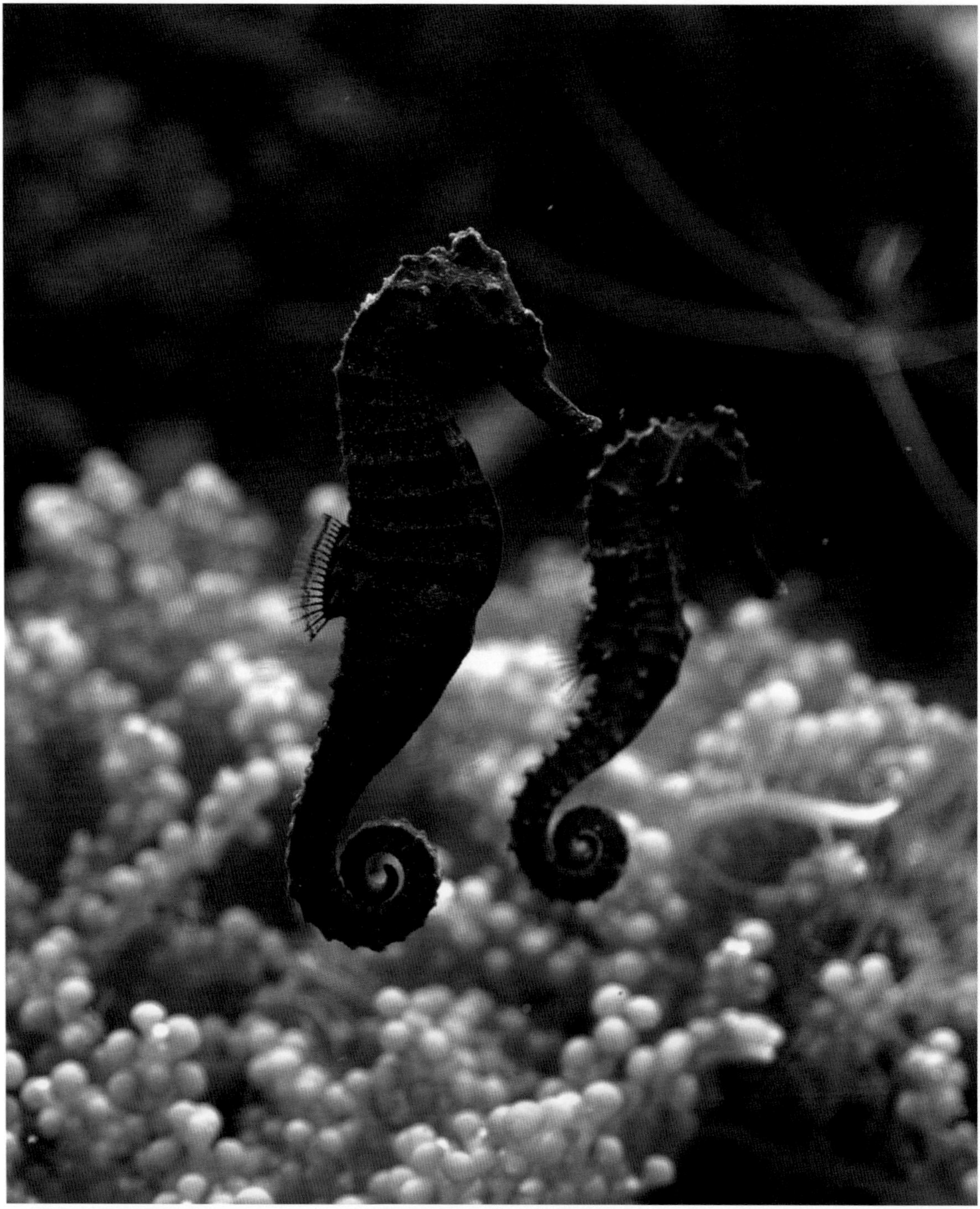

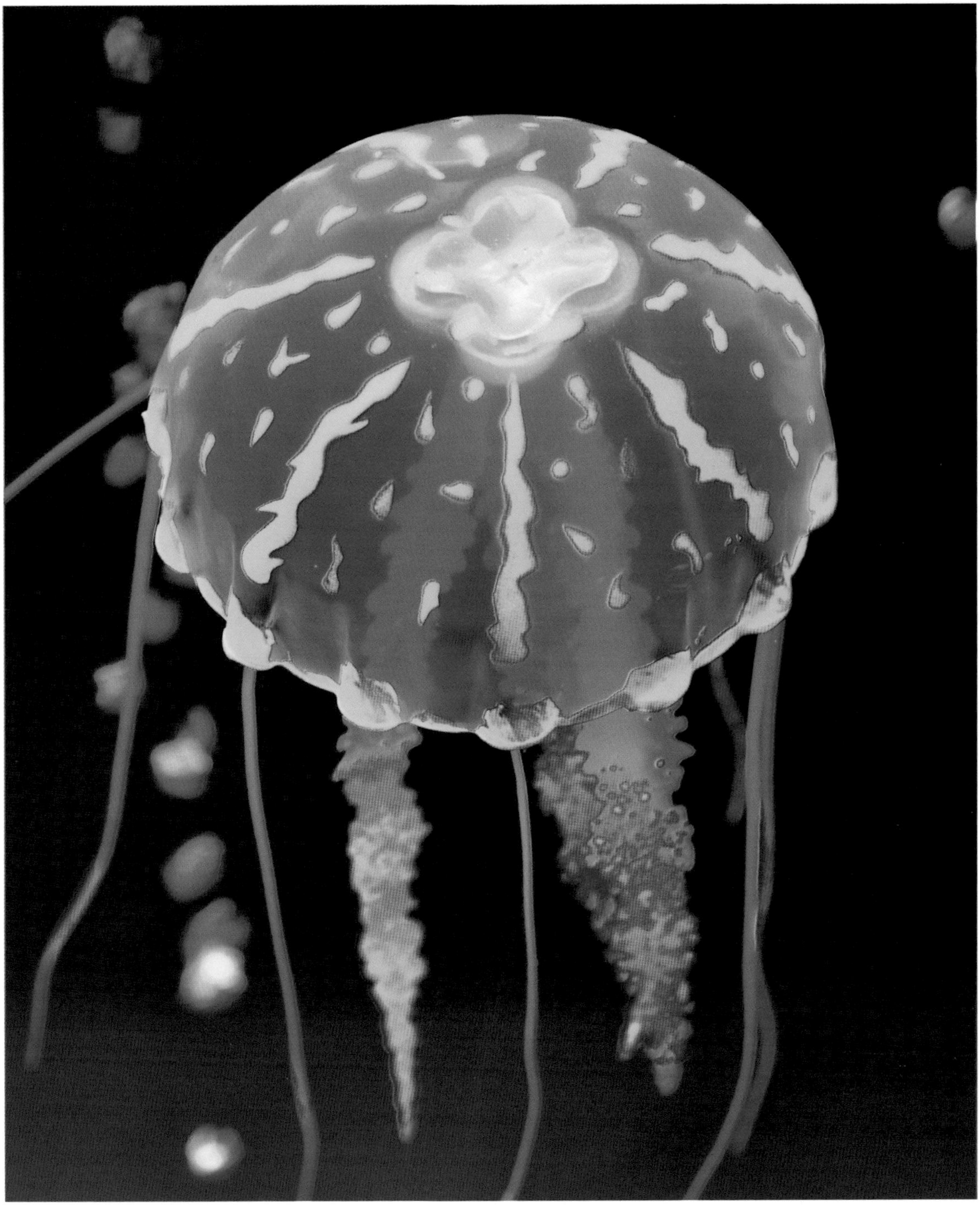

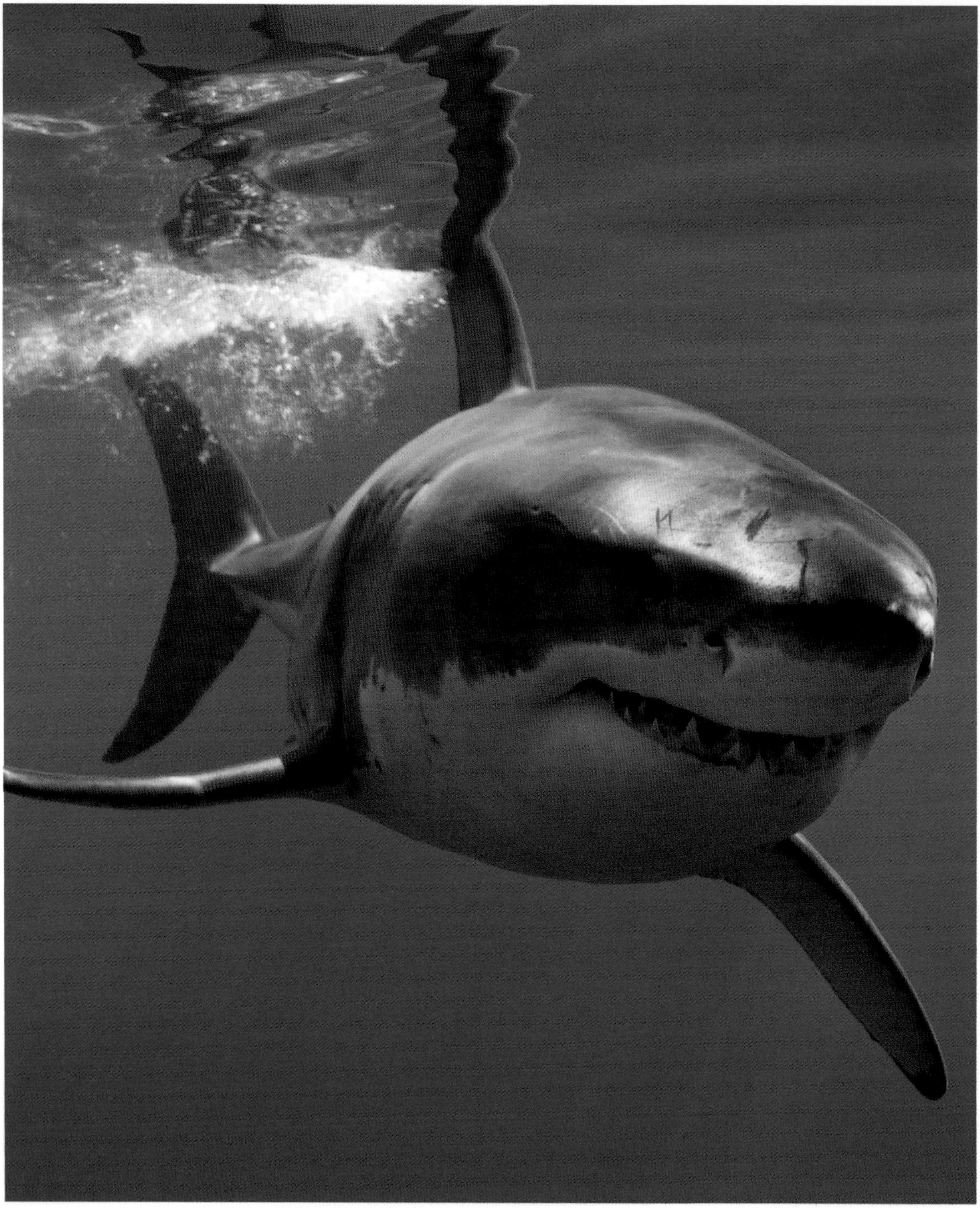

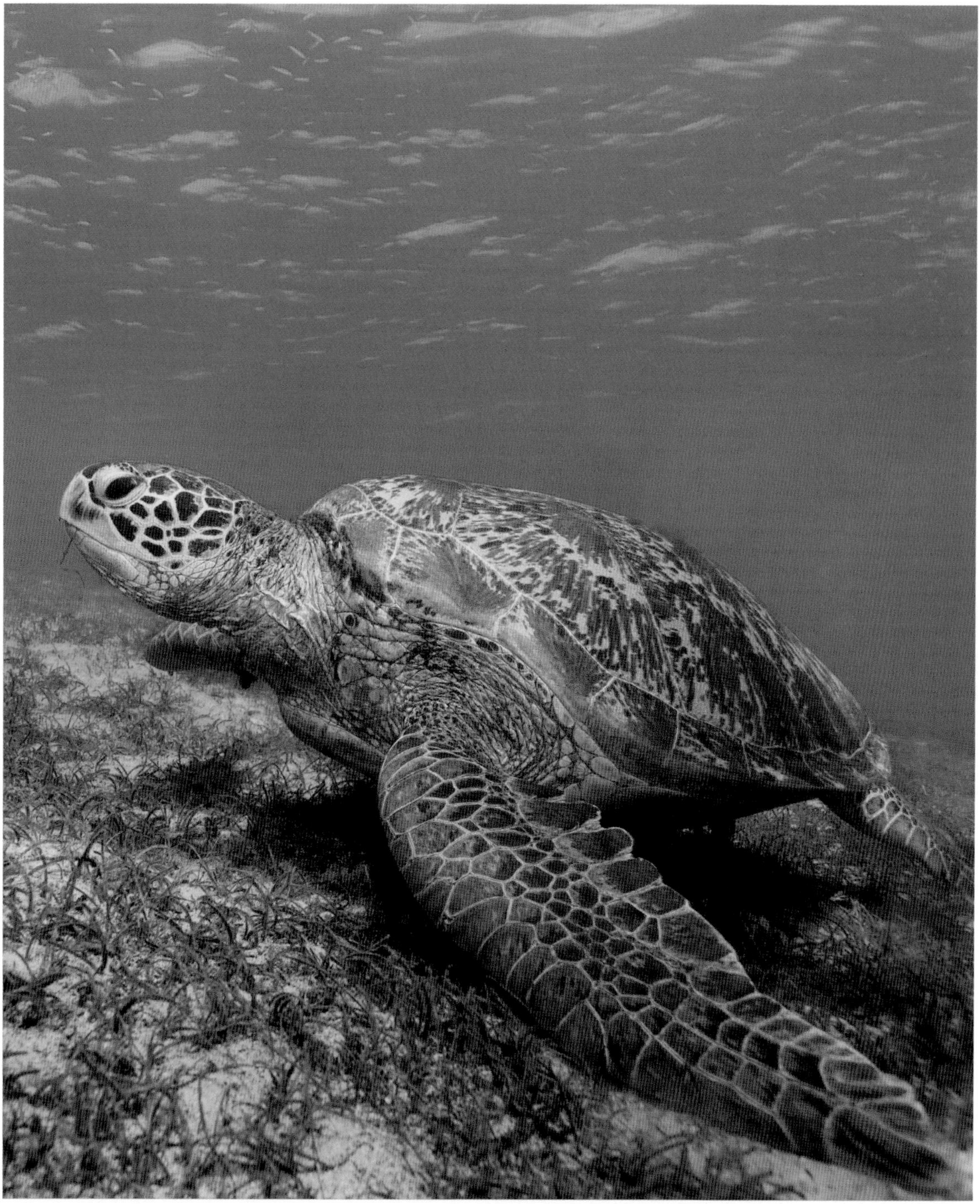

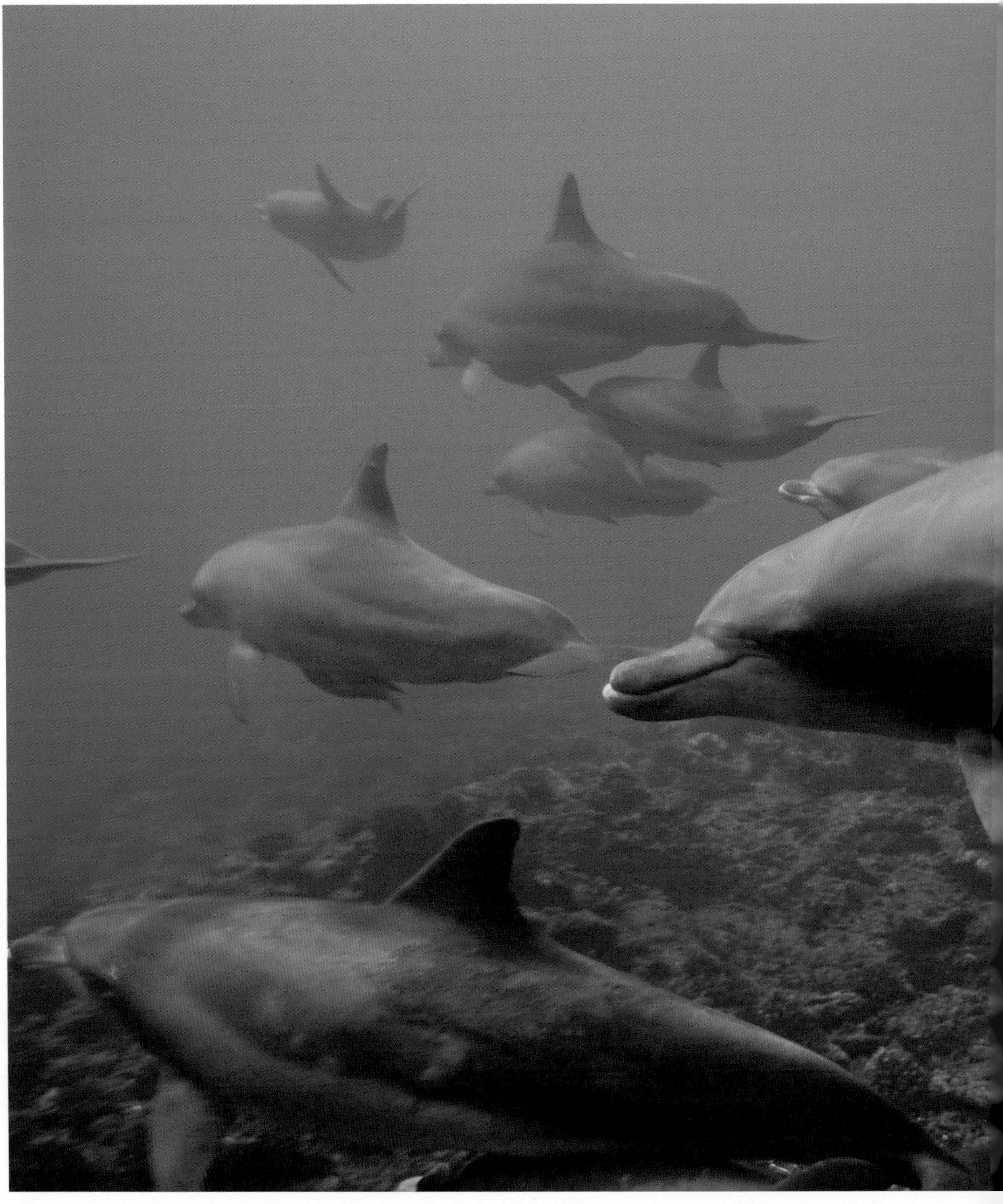

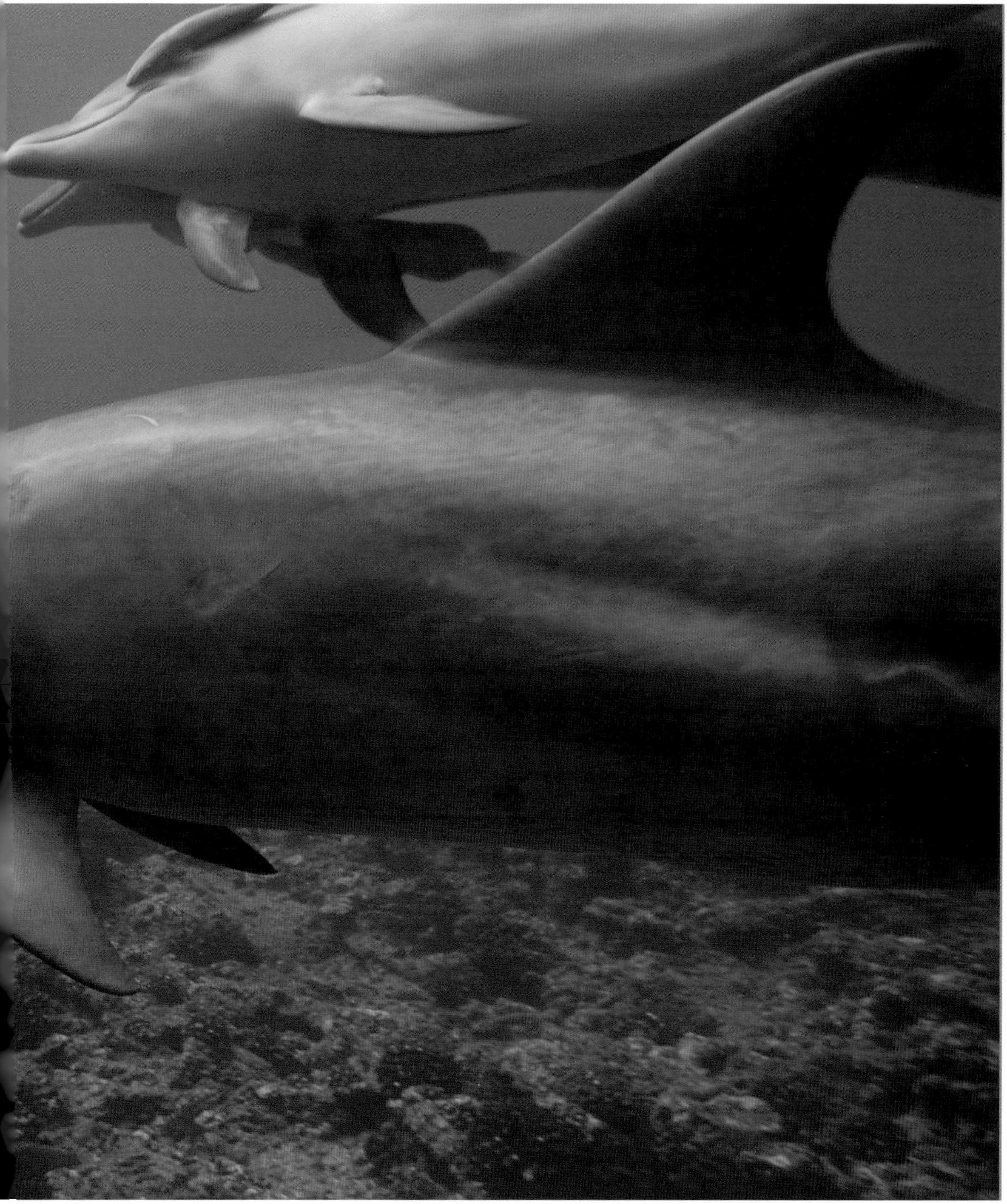

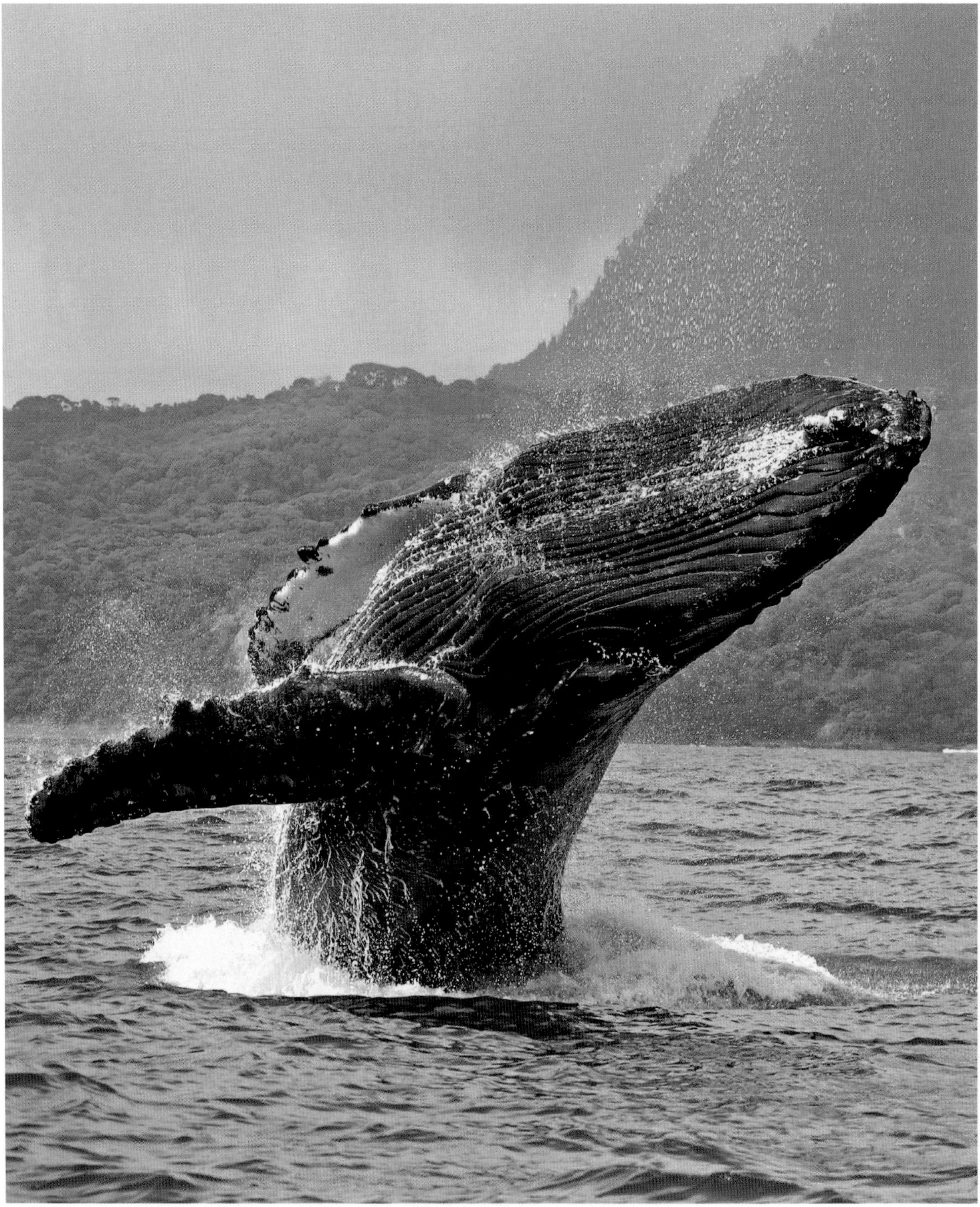